Dans la même collection :

Au temps des cavernes

Au temps des Gaulois

Au temps des Romains

À l'époque des chevaliers

Au temps de la Grande Guerre

Sommaire

ISBN 2-203-13735-5

Conception graphique et réalisation : Thierry Laurent

Des enfants dans l'Histoire

À l'époque des pharaons

Texte de Michel Sethus
Illustrations de Ginette Hoffmann

casterman

Sa maison est dans la ville

Le jour se lève sur Thèbes. Les centaines de maisons de briques crues et les temples gigantesques se débarrassent peu à peu du manteau étoilé de Nout, la déesse du Ciel. L'eau du Nil brille de tous ses reflets sous les lueurs de l'aube et, brusquement, le soleil apparaît. Il éclaire les ruelles, pénètre dans les maisons et fait naître partout les bruits d'une cité qui s'éveille. C'est la première heure de la journée, celle que les Égyptiens nomment "la brillante".

C'est la première heure de la journée, celle que les Égyptiens nomment "la brillante".

Dans sa chambre brutalement inondée de lumière, Séthi ouvre les yeux, puis les referme aussitôt, ébloui par l'aveuglante clarté. Son lit est un simple sommier posé sur des pieds sculptés en forme de pattes de lion. Une étoffe de lin le recouvre ; un repose-tête en bois lui sert d'oreiller.

— Tu entends les hirondelles ? Elles ont plus de courage que toi pour saluer le jour ! Lève-toi, paresseux ! dit Madja la nourrice, en entrant dans la pièce.

Elle porte un vase rempli d'eau et une cuvette. Tout juste sorti de son sommeil, Séthi se lave soigneusement, puis drape un court pagne de lin blanc autour de ses hanches.

— Tu es bien fier de ton vêtement ! Pourtant, il n'y a pas si longtemps, tu allais encore tout nu, comme tes petites sœurs ! plaisante Madja.

— Tu exagères ! Depuis bientôt un an, mon père me permet de porter le pagne.

Séthi se regarde dans le miroir de bronze poli que lui tend sa nourrice. C'est un garçon de neuf ans, à la peau brune, aux cheveux bien taillés encadrant un visage souriant où brillent de profonds yeux noirs.

Nekhti, tu monteras ces sacs de grains sur le toit, pour qu'ils soient à l'abri des rongeurs.

Dès qu'il est prêt, Séthi sort de sa chambre et dévale les escaliers de bois qui mènent au rez-de-chaussée. Le jeune garçon y retrouve sa mère Nefert, en train de donner des ordres aux serviteurs :

— Nekhti, tu monteras ces sacs de grains sur le toit, pour qu'ils soient à l'abri des rongeurs. Et toi, Hori, n'oublie pas qu'il faut cuire le pain et faire la bière.

Le pain et la bière sont préparés en même temps, car la bière se fabrique avec des pains peu cuits, émiettés dans un liquide à base de dattes. Le mélange obtenu est brassé et filtré. Après avoir lentement fermenté, le liquide est versé dans des jarres de terre cuite, fermées à l'aide d'un bouchon d'argile.

— Il me semble que nous faisons cuire beaucoup de pains, aujourd'hui, dit Séthi à sa mère.

— Tu n'as pas plus de cervelle qu'une grenouille ! réplique Nefert en souriant. As-tu oublié que ton père offre ce soir un grand banquet en l'honneur de tous ceux qui travaillent avec lui ?

Dans un angle du vestibule, des servantes confectionnent les étoffes de lin dont on fera des vêtements pour toute la famille. Après avoir été filé au fuseau, le lin est monté sur un métier à tisser vertical. Entre les traverses du cadre de bois, fixé au sol, on attache de longs fils de lin, appelés fils de chaîne. Entre ces fils de chaîne, on fait serpenter un autre fil de lin (ou fil de trame) que l'on tasse avec un peigne ; une fois, deux fois et ainsi de suite, jusqu'en haut du métier.
Tout en grignotant une galette au miel, Séthi admire la rapidité des gestes de la tisserande quand, soudain, une main se pose sur son épaule. C'est Rekhmirê, son père, entouré de ses deux petites filles. Elles portent pour tout costume un collier de pierres bleues.
— Il faut partir, mon fils, ou tu seras en retard à la Maison de Vie et ton maître sera mécontent.
— Je m'en vais, père !

Des servantes confectionnent les étoffes de lin dont on fera des vêtements pour toute la famille.

Le garçon prend son matériel de scribe et quelques tessons de poterie sur lesquels il fait ses exercices d'écriture.
Après avoir salué ses parents, Séthi sort de la maison. Dans le jardin, il est accueilli par son chien qui lui fait fête en aboyant joyeusement.

LA FABRICATION DE LA BIÈRE

Différentes formes de pains égyptiens

Préparation de la pâte à pain

La pâte est mise dans des moules brûlants

Les pains peu cuits sont émiettés et mélangés avec un liquide à base de dattes

Le liquide fermenté est transvasé dans des jarres en terre cuite

Que mangeait-on au temps des pharaons ?

Dans l'Égypte ancienne, la grande majorité des habitants se nourrissait de PAIN, d'OIGNONS, de POISSONS frits ou séchés. Seuls les nobles, les prêtres, les scribes et les riches commerçants pouvaient manger de la viande les jours de fête. La VOLAILLE (oies, pigeons, canards) était abondante. MOUTONS et BŒUFS étaient réservés aux banquets et aux repas de fête. La viande se conservant mal à cause de la chaleur, on se dépêchait de la consommer dès que la bête était abattue.
La BIÈRE était une boisson courante ainsi que le vin. Dattes et figues étaient les fruits habituels, mais on trouvait aussi grenades, raisins, melons, pastèques…

Il s'en est allé à l'horizon

Séthi traverse le jardin, son chien sur les talons. Il se dirige vers l'étang ombragé de saules et d'acacias. Le jeune garçon admire les fleurs de lotus qui semblent flotter à la surface. Hier, Nefert lui a raconté la légende du lotus surgi des eaux : il fut le berceau du soleil, le premier matin du monde lors de la création de l'univers.

Khéti utilise une grande perche, maintenue en balancier sur un pieu planté dans le sol.

Khéti, le jardinier, est occupé à puiser de l'eau. Il utilise une grande perche, maintenue en balancier sur un pieu planté dans le sol. À un bout de la perche est fixé un gros contrepoids de terre séchée ; à l'autre bout est attachée une corde à laquelle est accrochée une outre en cuir.

— Laisse-moi essayer, Khéti, demande l'enfant.

Séthi tire sur la corde pour faire descendre l'outre qui s'enfonce dans l'étang. Grâce au contrepoids, elle remonte remplie d'eau.

— Cet appareil nous épargne de gros efforts. Même un gamin comme toi peut l'utiliser ! dit le jardinier en riant.

— À condition qu'il ait des muscles, rétorque Séthi sur le même ton.

Ayant quitté le paisible jardin, le jeune garçon s'engage dans la rue. Poussiéreuse et bruyante, elle est bordée d'échoppes où sont exposés les produits les plus divers. Un marchand d'oignons côtoie un savetier, appliqué à fabriquer une paire de sandales en cuir ; un pêcheur propose des poissons séchés ; plus loin, un homme présente des singes dressés, aux grimaces comiques. Près d'un marchand de fruits, Séthi reconnaît le vieil Ahmose et s'approche de lui. Ahmose est là presque tous les jours. Il sait beaucoup de choses, car il est très âgé. Séthi aime bavarder avec lui.

— Reste près de moi, dit le vieillard. De toute façon, tu ne peux pas passer, regarde !

Un convoi funéraire, qui se dirige vers l'embarcadère du fleuve, barre le chemin.

Un convoi funéraire, qui se dirige vers l'embarcadère du fleuve, barre le chemin. Sur un traîneau tiré par des hommes repose un cercueil richement décoré. Des prêtres l'aspergent d'eau pour le purifier ; des pleureuses au visage sali de boue sanglotent bruyamment. Ahmose secoue la tête :

— Tel est le sort de tout homme, riche ou pauvre ! Mais tu ne dois pas avoir peur, mon garçon. La vie continue après la mort et l'enterrement n'est qu'un changement de domicile. C'est pourquoi il est si important de transformer les morts en momies, afin de conserver leurs corps. En tout cas, celui-ci aura une tombe confortable, si l'on en juge par ce que transportent ses serviteurs.

La procession passe lentement. Des hommes portent des vêtements, des sandales, des coffrets à bijoux, un mobilier complet : lit, chaises, tabourets. D'autres sont chargés de jarres de vin ou de paniers contenant des pains, des fruits, des volailles.

— Chacun espère retrouver dans l'autre vie ce qu'il possédait dans celle-

ci, dit Ahmose. Tout ce que tu vois sera rangé dans le tombeau. On y mettra aussi des petites statuettes, que l'on nomme les répondants : si les dieux appellent le mort pour lui confier une corvée pénible, elles répondront et feront le travail à sa place. Ainsi, l'éternité sera douce à celui qui n'est plus, si le jugement lui a été favorable, évidemment...

— Mon père m'en a parlé, s'écrie Séthi. Le mort est conduit devant le grand dieu Osiris et les autres juges. Son cœur est pesé sur une balance par Anubis, le dieu à tête de chacal. Thot à tête d'ibis inscrit les résultats sur des tablettes. Si son cœur est lourd de mauvaises actions, le mort ne connaîtra pas le bonheur éternel. Mais s'il a la légèreté de la plume, il sera accueilli par les dieux.

Le mort est conduit devant le grand dieu Osiris et les autres juges. Son cœur est pesé sur une balance.

Après avoir quitté Ahmose, qui l'a félicité de ses connaissances, Séthi s'approche du fleuve. Le corps et tous les objets qui l'accompagnaient ont été chargés sur un bateau pour traverser le Nil. Le cimetière est situé sur l'autre rive, celle de l'ouest, du côté où se couche le soleil.

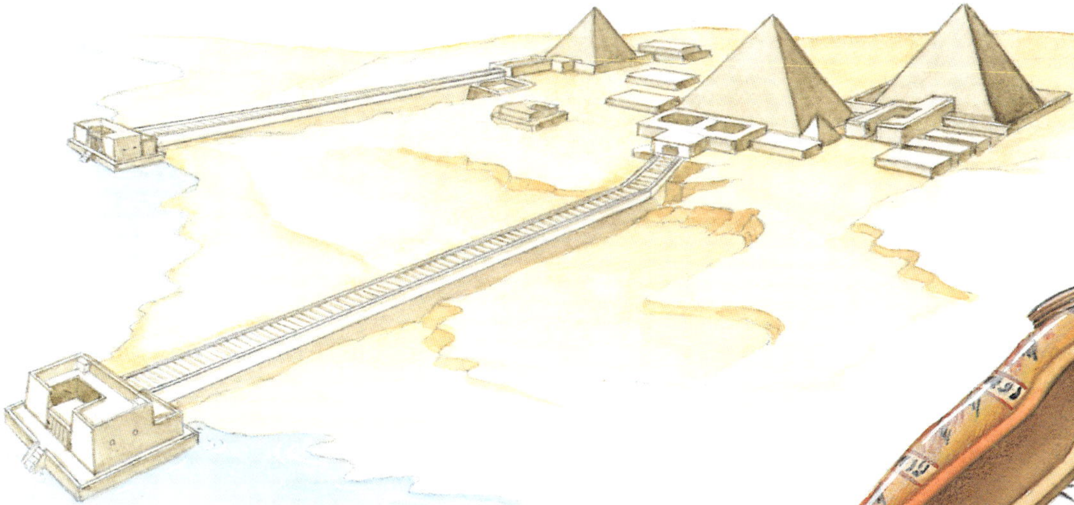

Les pyramides :
les plus grands tombeaux du monde

Momie dans
son sarcophage

Momies et tombeaux

La tâche de momifier les morts était confiée à des EMBAUMEURS. Après avoir retiré le cerveau, ils vidaient le corps de ses organes qu'ils plaçaient dans quatre vases, appelés VASES CANOPES. Le corps était alors plongé pendant plusieurs semaines dans du sel, le NATRON, qui le desséchait petit à petit. Les embaumeurs l'enveloppaient ensuite de bandelettes d'étoffe entre lesquelles ils glissaient des AMULETTES destinées à protéger le défunt. Enfin, placée dans un cercueil peint, le SARCOPHAGE, la MOMIE était mise au tombeau. Les tombes des riches étaient luxueusement décorées et meublées. Les plus somptueuses étaient celles des rois d'Égypte. Certains d'entre eux, il y a près de 5 000 ans, se sont fait enterrer dans d'immenses constructions de pierre : les PYRAMIDES.

Écouter est utile pour un fils

Séthi est resté trop longtemps auprès du vieil homme. Il court pour rattraper son retard. Il arrive un peu essoufflé à la Maison de Vie, annexe du temple du dieu Amon où il étudie. On y instruit surtout les futurs prêtres et les copistes de textes sacrés. Séthi aurait pu aller dans une autre école de Thèbes, parmi celles qui sont réservées aux fils de nobles et aux princes. Rekhmirê a préféré envoyer son fils à la Maison de Vie, car le maître Ouser est son ami. Ouser est un scribe très savant. Il passe sa vie à lire, écrire et enseigner.

Le maître est déjà installé. Accroupis comme lui sur des nattes, quelques élèves l'entourent.
— Sois le bienvenu, Séthi, dit Ouser.
— Bonjour, maître, répond l'enfant qui s'assied à côté de son camarade Touti.
Séthi se dépêche de disposer avec soin son matériel de scribe : une palette avec deux godets, l'un rempli d'encre rouge, l'autre d'encre noire. Dans un petit creux, au centre de la palette, sont glissées quelques minces tiges de roseau qui servent de pinceaux. Il faut en mâchonner l'extrémité pour leur donner la forme voulue.

Dans un petit creux, au centre de la palette, sont glissées quelques minces tiges de roseau.

— Maître, quand écrirons-nous sur des papyrus ? demande Touti.

— Tu dois encore t'exercer et faire des progrès, répond-il. Le papyrus est cher. On ne l'utilise que pour les textes importants.

— Pourquoi est-il si cher ? s'étonne un autre enfant. Il en pousse des quantités énormes au bord du Nil.

Il faut trouver des papyrus aussi hauts que deux hommes, en écorcer les troncs...

— Sans doute, répond Ouser. Mais s'il est aisé de récolter la plante, il est difficile de la travailler. Il faut trouver des papyrus aussi hauts que deux hommes, en écorcer les troncs et couper la moelle qu'ils contiennent en fines lamelles. Ensuite, deux couches de ces lamelles, posées l'une sur l'autre, sont recouvertes d'une étoffe et martelées pour en faire une feuille. Pour obtenir un rouleau de papyrus, on doit attacher ensemble un grand nombre de ces feuilles. Croyez-vous que tous ces efforts soient destinés à vous fournir des brouillons pour vos exercices ? Vous avez vos tablettes de bois que vous pouvez faire enduire de stuc, cette poussière de marbre délayée dans de la colle, aussi souvent que vous le voulez. Quant aux tessons de poterie, ils ne coûtent rien à personne. Vous devez vous en contenter pour l'instant. Et maintenant, assez bavardé, au travail !

Après leur avoir donné une leçon de calcul, le maître apprend aux enfants à écrire un texte en hiéroglyphes. Les élèves trempent leur pinceau dans l'eau, puis dans les godets d'encre. Les titres sont en rouge, le reste du texte en noir. Séthi s'applique et trace soigneusement les signes compliqués sur sa tablette. Les hiéroglyphes sont de véritables petits dessins qui représentent des animaux, des objets, des êtres humains. On peut les disposer de nombreuses manières : horizontalement, mais aussi en colonnes, de gauche à droite ou de droite à gauche. C'est difficile mais, si l'on fait bien attention, le résultat est superbe.

Ouser examine et corrige le travail de chacun. Il félicite Séthi :
— Continue ainsi et tu deviendras un scribe respecté. Ta vie s'écoulera dans la douceur et la richesse. Tu n'auras pas à combattre loin de ton foyer comme le soldat, ou à user tes mains sur l'outil comme l'ouvrier. Tu n'auras jamais faim et tu commanderas aux autres hommes. C'est toi qui devras compter les troupeaux que les paysans conduisent au temple pour payer leurs impôts. Tu vérifieras que chacun donne ce qu'il doit. Si tu accomplis bien ta tâche, tu seras récompensé : ton pouvoir grandira. Peut-être même le roi t'accordera-t-il sa confiance. Peut-être t'appellera-t-il auprès de lui, comme ton père le géomètre qui aide à la construction des temples ! Oui, je vous le dis à tous : celui qui sait lire et écrire possède un trésor, car le métier de scribe vaut mieux que tout autre.

Celui qui sait lire et écrire possède un trésor, car le métier de scribe vaut mieux que tout autre.

Touti se penche vers Séthi :
— Tu as de la chance que notre maître te fasse tant de compliments. Hier, il était si fâché contre moi qu'il m'a appelé "oie du Nil" ! Tu es comme elle, criait-il, tu n'apportes que des ennuis.
Séthi rit de bon cœur devant la mine déconfite de son ami.

Les hiéroglyphes

Les anciens Égyptiens ont inventé une belle écriture : les HIÉROGLYPHES. Pour bien écrire, il fallait savoir utiliser et combiner plus de 700 dessins. C'était un travail très compliqué, car chaque hiéroglyphe peut avoir plusieurs sens :
- parfois, ils symbolisent très clairement un MOT :
ainsi, l'hiéroglyphe signifie "vipère à cornes".
Si la vipère rampe sur une ligne plate , on obtient le verbe ramper.
Si elle rejoint sa tanière , nous aurons le verbe entrer.
Si elle s'en échappe , nous obtiendrons le verbe sortir.
- souvent, un hiéroglyphe représente aussi un SON : notre vipère, par exemple, signifie le son "F" (parce que l'ancien nom égyptien de la vipère commence par un "F"). On la retrouve dans le nom du roi KHÉOPS (le fondateur de la grande pyramide, que l'on prononçait "KUFU") :

Kh U F U

Durant sa leçon, Séthi a appris les hiéroglyphes suivants :

Une chouette *ou le son M*
*De l'*eau *ou le son N*
Une bouche *ou le son R*
Un pain *ou le son T*

Les anciens Égyptiens avaient également un système d'écriture pour les NOMBRES :

= 1 *un trait vertical*
= 10 *un bout de corde replié*
= 100 *une corde enroulée*
= 1 000 *un lotus*
= 10 000 *un doigt*
= 1 000 000 *un dieu, les bras levés au-dessus de sa tête*

Voici un exercice de calcul que Séthi a fait. Écrire les chiffres suivants :
34 *125* *1 001* *10 020*

Maison
du grand prêtre
Lac sacré
Chapelle
des barques sacrées
Saint
des Saints
Grande salle
hypostyle
Maison de vie
Pylône
Obélisque

L'endroit où sont les dieux

Au plus haut de sa course, le dieu Soleil écrase Thèbes sous ses rayons de midi. Dans la Maison de Vie où se poursuit la leçon du scribe, même les mouches n'ont plus la force de voler.
Voyant ses élèves s'assoupir sous la chaleur, le maître décide d'arrêter le travail et les autorise à retourner chez eux. Séthi range sa palette, ses godets et ses pinceaux.

Malgré la grande chaleur, de nombreux prêtres entrent et sortent du temple.

En quelques pas pressés, l'enfant rejoint l'esplanade du dieu Amon. La façade étincelante du gigantesque pylône d'entrée le domine de toute sa hauteur. Au sommet de leurs mâts, des étendards pendent mollement, à peine agités d'un mince souffle de vent.
Malgré la grande chaleur, de nombreux prêtres entrent et sortent du temple, dans un incessant va-et-vient. Chacun accomplit une tâche bien déterminée. Les uns sont chargés de vêtir et de nourrir le dieu ; d'autres gèrent ses terres ; d'autres encore sont astronomes ou rédigent les textes sacrés, lus durant les cérémonies.

Lors de la grande fête d'Opet, Amon et sa famille quittent le temple et vont naviguer sur le Nil. Durant cette cérémonie, qui ouvre la nouvelle année, les prêtres portent sur leurs épaules des barques où reposent les effigies des divinités.

Pour l'enfant, le temple est le lieu le plus mystérieux et le plus sacré de la ville. Seuls les prêtres peuvent pénétrer dans les salles où se déroule le culte. Protégé des regards indiscrets, uniquement accessible aux serviteurs du dieu, le "Saint des Saints" abrite la statue d'Amon. C'est dans cette chapelle qu'il reçoit les offrandes de nourriture et de boisson.

Lors de la grande fête d'Opet, Amon et sa famille quittent le temple et vont naviguer sur le Nil. Durant cette cérémonie, qui ouvre la nouvelle année, les prêtres portent sur leurs épaules des barques où reposent les effigies des divinités.
En tête de la procession s'avance la barque d'Amon, en bois précieux décoré d'or. Puis vient l'embarcation de son épouse, Nout, et celle de Khonsou, leur fils.

Les fidèles peuvent s'approcher des barques et poser au dieu Amon des questions à haute voix.

Dans le cortège, des prêtres tiennent des brûle-parfum d'où s'échappe l'odeur entêtante de l'encens. D'autres agitent des éventails et jettent du sable afin de purifier le sol avant le passage du dieu. Des musiciens, des chanteurs, des joueurs de flûte et de trompette, des harpistes, suivis de toute la population de Thèbes, accompagnent le défilé pendant sa lente descente vers le Nil. Les fidèles peuvent même s'approcher des barques et poser au dieu Amon des questions à haute voix. Il arrive qu'Amon réponde en faisant bouger la barque sur laquelle il se trouve. Le grand prêtre explique alors ce qu'a voulu dire le dieu.
Parvenues au Nil, les barques sont chargées sur de somptueux bateaux qui remontent lentement le fleuve sacré. Ils accostent près d'un temple où l'on conduit les dieux, une fois par an, en présence du pharaon. Plus tard, le cortège redescendra le Nil et ramènera le dieu dans sa demeure habituelle.

Tout en rêvant à la splendeur de la fête d'Opet, Séthi, accroupi sous un palmier, profite de l'instant pour manger ce que Madja lui a préparé : du pain, quelques figues et un gâteau. Une fois rassasié, il se dirige vers les ateliers, proches de l'enceinte du temple. Chaque jour, il se rend dans l'atelier de menuiserie afin de retrouver son ami Nehri, fils d'Ipy, un artisan célèbre qui travaille pour le temple. L'atelier est bruyant. Il y règne une odeur de copeaux, de sciure et de colle chaude. Tout en maniant le maillet et le ciseau, les artisans discutent des qualités des bois utilisés.

Amon *Nout* *Khonsou*

Séthi entend parler de l'acacia, du tamaris, du jujubier, des différentes espèces de palmiers. Le cèdre et l'ébène sont les bois qu'ils préfèrent travailler, car ils sont durs, parfumés et ils ne pourrissent pas. Mais ils sont très chers et ne se trouvent qu'en de lointains pays. Les cèdres poussent dans les montagnes de Phénicie ; l'ébène vient des profondeurs de l'Afrique.

— Il y a quelques années, dit Ipy, une grande expédition s'est rendue sur les côtes de la mer Rouge, dans le pays de Pount. Au bout de plusieurs mois, les navires revinrent chargés de myrrhe, d'encens et de bois odorants que nous avons replantés.
— Les marins n'ont rapporté que des arbres ? demande Séthi.
— Non, bien sûr, ils amenaient avec eux des trésors extraordinaires : de l'or, de l'ivoire, des plumes d'autruche, des peaux de léopards, plusieurs singes vivants et un homme étrange à la peau très noire, plus vieux que ton grand-père mais plus petit que toi !
Séthi et Nehri écoutent à peine la réponse du menuisier, ils viennent de remarquer une grande agitation à l'entrée du temple. Ils repèrent un groupe de prêtres quittant précipitamment la demeure d'Amon. Intrigués, les deux enfants décident de les suivre.

Les navires revinrent avec de l'or, de l'ivoire, des plumes d'autruche, des peaux de léopards...

La légende d'Osiris

OSIRIS, dieu des morts, ISIS, son épouse, et HORUS, leur fils, formaient la famille majeure de la religion égyptienne. On racontait que, lorsque Osiris devint roi du monde, son frère SETH, jaloux, voulut se débarrasser de lui. Il fit construire un coffre merveilleux à la taille d'Osiris et promit de l'offrir à celui qui pourrait s'y allonger. Lors d'un festin, tous les invités essayèrent, mais seul Osiris put y entrer. Seth referma vivement le coffre et le jeta dans le Nil. Isis retrouva le corps de son époux. Pour l'empêcher de ressusciter Osiris, Seth découpa alors le cadavre en morceaux qu'il dispersa à travers l'Égypte. Mais la tenace Isis récupéra ceux-ci et parvint à reconstituer le corps. Osiris devint le symbole de la fertile terre des bords du Nil que Seth cherche toujours à détruire par la sécheresse et la famine.

La terre fertile

Les prêtres d'Amon avancent à grands pas vers le fleuve. Séthi et Nehri ont bien des difficultés à les suivre. Parfois, ils doivent même courir, au milieu de la foule de plus en plus dense qui se rassemble près du Nil. Brusquement, une grande clameur se fait entendre :
— Regardez, le voilà !
Les deux enfants se faufilent entre les jambes des curieux. Parvenus sur la berge, le spectacle qui s'offre à eux est le plus stupéfiant qu'ils aient jamais vu.

Sur la coque en bois de sycomore sont attachés deux obélisques de granit rose.

Au fil du courant, guidé par des hommes qui utilisent des grandes rames comme gouvernail, un énorme bateau, tiré par d'innombrables barques, s'avance majestueusement. Sur sa coque en bois de sycomore sont attachés deux obélisques de granit rose. Taillées par des esclaves dans une lointaine carrière du sud, les énormes aiguilles de pierre sont destinées au temple d'Amon.
Le bateau est sur le point d'accoster. Il vacille un instant lorsqu'il longe le quai. Sa carcasse grince de partout ; il s'immobilise enfin, retenu par des cordages serrés solidement autour de pieux plantés sur le rivage.
Maintenant, des paysans vont procéder au déchargement des gigantesques blocs de pierre, sous la direction des prêtres. Chaque obélisque,

posé sur un traîneau glissant sur une chaussée d'argile mouillée, sera ensuite halé jusqu'au temple à l'aide de cordes.
Nehri prend Séthi par le bras.
— Viens, ne restons pas ici. Il ne faut pas gêner le débarquement de l'obélisque. Mon père m'a raconté qu'il arrive souvent des accidents lors de telles manœuvres. C'est très dangereux.

Lorsque le fleuve se retire, ils retrouvent les terres recouvertes d'une boue noire très fertile : le limon.

Prudents, les deux enfants s'éloignent de la rive. Au passage, Séthi reconnaît, parmi la foule, plusieurs paysans qui, d'habitude, travaillent sur les terres de son père. En effet, pendant la crue du Nil, les paysans ne peuvent se livrer aux travaux agricoles, les champs étant inondés. Durant cette période, ils sont employés à la construction des temples, à la taille et au transport des pierres. Puis, lorsque le fleuve se retire, ils retrouvent les terres recouvertes d'une boue noire très fertile : le limon. Ils peuvent alors semer afin de récolter, trois mois plus tard, l'orge, le blé et le lin. Ils cultivent également des fèves, des lentilles, des concombres, des oignons et des arbres fruitiers : figuiers, dattiers, grenadiers.
Il arrive malheureusement que leur courage et leurs efforts ne servent à rien lorsque les mulots, les sauterelles ou les passereaux s'abattent sur les récoltes... Vient alors le temps des famines.

Après avoir quitté Nehri, qui est retourné à l'atelier de menuiserie, Séthi poursuit seul son chemin. Tout en marchant le long de la rive, il regarde s'écouler les eaux du fleuve en crue. Tout à coup, son sang se glace dans ses veines. Un homme, en plongeant, a dérangé un crocodile qui sommeillait dans les herbes d'eau. Le monstre nage silencieusement vers le baigneur inconscient du danger. Séthi hurle de toutes ses forces :

— Attention ! À l'aide !
Alerté par les cris, l'homme s'est retourné. Il aperçoit le crocodile qui se dirige vers lui, ses petits yeux cruels et les écailles de son dos dépassant à peine de l'eau. L'animal nage très vite. Croyant sa dernière heure venue, l'homme, terrifié, suffoquant, ne parvient pas à prendre la fuite. Heureusement, des pêcheurs ont déjà dirigé leur barque vers l'endroit où se joue le drame. Par leurs hurlements, ils effraient la bête qui regagne sa cachette près de la rive. Sa prochaine proie sera peut-être plus aisée à capturer...

Plus mort que vif, le nageur est hissé dans la barque où il s'écroule au milieu des filets et des poissons.

— Tu es le plus gros poisson de notre journée ! lui lance l'un des pêcheurs.

De la rive, le cœur battant, Séthi a assisté au sauvetage de l'imprudent nageur. Il salue de la main les pêcheurs qui s'éloignent. Le crocodile a beau être un animal sacré, mieux vaut le vénérer dans un temple que le rencontrer au milieu du Nil.

Croyant sa dernière heure venue, l'homme, terrifié, suffoquant, ne parvient pas à prendre la fuite.

Des maisons de terre

En Égypte, les PIERRES ne servaient qu'aux dieux (pour la construction de leurs temples) et aux morts (pour la construction des tombes). Les maisons des vivants, palais ou masures, étaient bâties en BRIQUES de terre crue, en bois ou en paille. Ces matériaux fragiles n'ont pas résisté au temps.
Les villes et villages de l'ancienne Égypte ont ainsi presque totalement disparu.
Pour fabriquer des briques, les Égyptiens malaxaient du LIMON additionné d'eau et y ajoutaient de la paille. Ils versaient ensuite ce mélange dans des moules rectangulaires en bois. Les briques molles ainsi obtenues étaient mises à sécher au soleil, avant de servir à la construction des maisons.

Vie, santé, prospérité

Devant la maison, Séthi offre son visage à la brise du soir. Depuis un moment, il observe les invités qui se présentent pour le grand banquet donné par son père. La plupart travaillent avec Rekhmirê depuis des années. Certains sont employés à des travaux de construction ; d'autres vérifient les dimensions des champs après la crue du Nil. En effet, de nombreux paysans tentent de profiter des hautes eaux pour déplacer les bornes qui délimitent leurs champs, afin de les agrandir aux dépens de ceux du voisin ! Chaque année, Rekhmirê doit veiller à ce que cela ne se produise pas.

Au centre de l'assemblée, son père est assis sur une précieuse chaise d'ébène.

Discrètement, Séthi s'est faufilé dans la grande pièce où se tient le repas. Au centre de l'assemblée, son père est assis sur une précieuse chaise d'ébène, aux pieds sculptés en forme de pattes de lion enrichies de griffes d'ivoire. Rekhmirê porte un vêtement de lin très fin, une belle perruque et un

large collier, nommé pectoral, qui recouvre ses puissantes épaules. Les convives, installés par groupes de deux ou trois, sont assis sur des tabourets ou accroupis à même le sol, les genoux relevés.
Chacun se régale d'oies farcies, de poulets grillés, de poissons et de fruits. Les serviteurs veillent à ce que les coupes d'albâtre soient toujours pleines de bière ou de vin. Sur toutes les tables brille la vaisselle de céramique, décorée de fleurs de lotus.

Malgré l'interdiction de son père, qui n'aime pas le voir se mêler aux adultes, Séthi, dévoré de curiosité, s'approche de Thotmès, le conducteur du char de Rekhmirê.
— Dis-moi, Thotmès, on dit que mon père est allé aujourd'hui dans le grand temple de la reine.

Il raconte la richesse de l'Égypte et la paix qui règne aux frontières.

— Oui, c'est vrai. Il a été convoqué pour prendre des mesures dans les salles du temple. Il était avec Senenmout.
— L'architecte ?
— Oui, c'est lui qui en fait tous les plans. La reine Hatshepsout peut en être fière. Je n'ai jamais vu une telle construction. Tout est parfait dans ce temple, d'où son surnom, "le sublime des sublimes".
Jamais on n'a utilisé des pierres aussi belles et des sculpteurs aussi habiles. Les artistes qui ont peint les murs sont les meilleurs d'Égypte. Ils ont représenté tous les grands moments du règne d'Hatshepsout : les fêtes données lors de son couronnement, toutes les merveilles que les bateaux ont rapportées du pays de Pount. Un peintre a même dessiné une girafe, un animal que nous ne connaissions pas en Égypte.
Quant à Senenmout, il s'est fait statufier. Il tient dans ses bras la petite princesse Nefer-neferou-rê dont il a la charge.

Pendant très longtemps, Thotmès continue de parler du temple et du règne d'Hatshepsout. Il en oublie même de manger ! Il raconte la richesse de l'Égypte et la paix qui règne aux frontières. Depuis des années, plus une guerre n'a eu lieu contre les peuples du Sud ou de l'Est. Les récoltes sont abondantes et le commerce florissant. Les navires égyptiens sillonnent la mer Rouge et la Méditerranée.

Thotmès dit aussi qu'un jour, tout cela peut disparaître et que reviendront les guerres et les famines. Mais l'enfant ne l'écoute déjà plus. Épuisé par sa longue journée, Séthi s'est endormi sur la natte d'osier qui recouvre le sol...

Pharaon
coiffé du pschent
tenant le crochet
et le fouet,
symboles
de son pouvoir.

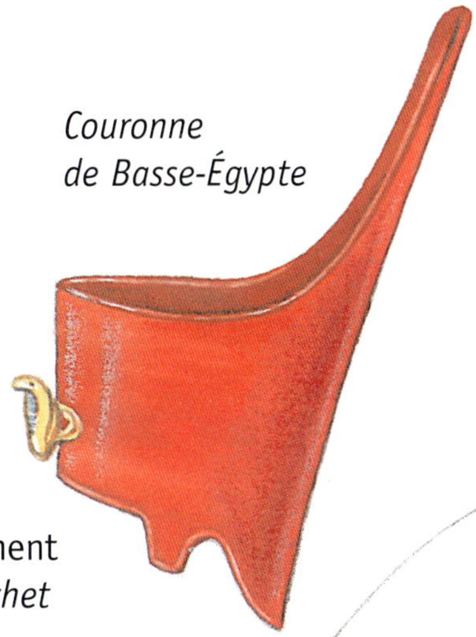

Couronne
de Basse-Égypte

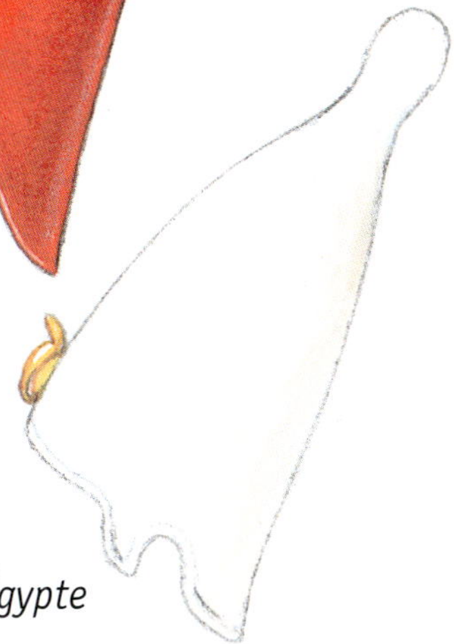

Couronne
de Haute-Égypte

Le pharaon

La Bible appelait PHARAON le roi d'Égypte. En égyptien, pharaon signifiait "grande maison" et désignait le palais. Quand ils parlaient de leur souverain, les habitants du Nil n'utilisaient pas ce mot mais lui préféraient d'autres noms. Le pharaon était considéré comme le fils du dieu suprême. Une BARBE postiche et un COBRA dressé sur le front montraient son origine divine. Le pharaon avait tous les pouvoirs. Il était le grand prêtre, le chef de l'armée, le grand juge. Son autorité était symbolisée par un CROCHET et un FOUET qu'il tenait croisés sur sa poitrine. Il portait aussi le PSCHENT, ou double couronne : l'une, blanche, représentant le sud de l'Égypte, l'autre, rouge, le nord du pays.

Ramsès II sur son char de combat

Sur les traces des pharaons

De nombreux vestiges de l'ancienne Égypte, comme les pyramides, les tombes, les temples, subsistent encore sur les bords du Nil. Lors des fouilles archéologiques, des meubles, des bijoux, des sarcophages ont été découverts. En France, on peut retrouver l'Égypte ancienne en de multiples endroits :

- **Musée du Louvre *(Paris)* :** ***dans des salles entièrement rénovées, très nombreux vestiges de la vie au temps des pharaons.***
- **Musée Borelly *(Marseille)* :** ***collection Clot-Bey, nombreux sarcophages, statuettes et bijoux précieux.***

... et n'oublions pas l'obélisque de la place de la Concorde, à Paris, qui provient du temple de Louxor, à Thèbes.

En Belgique, on peut visiter **les musées royaux d'art et d'histoire du Cinquantenaire** ***à Bruxelles, le*** **musée royal de Mariemont** ***à Morlanwelz*** **et le musée Curtius** ***à Liège.***

Les jeux des enfants

Les enfants égyptiens possédaient une grande variété de jouets : toupies, hochets, balles et poupées. Ils aimaient les jeux d'adresse, comme la pêche au bâton ou le tir à l'arc. Ils s'affrontaient aussi à la course ou au saut. L'un de ces exercices de saut nous est connu par une peinture où l'on peut voir deux enfants assis l'un en face de l'autre, bras et jambes tendus. Ils forment un obstacle vivant que les joueurs doivent franchir d'un bond.

La reine Hatshepsout (vers 1450 av. J.-C.)

Petite chronologie

• *Vers 3000 av. J.-C. :* Narmer est sans doute le premier souverain d'Égypte à unifier le nord et le sud du pays en un seul empire.

• *ANCIEN EMPIRE :* vers 2700 - 2135 av. J.-C. Époque de la construction des pyramides. La capitale du pays est Memphis. Les pharaons les plus célèbres sont : Khéops, Kephren et Mykérinos.

• *MOYEN EMPIRE :* vers 2040 à 1715 av. J.-C.

• *NOUVEL EMPIRE :* vers 1550 à 1080 av. J.-C. Époque de la construction des grands temples de Thèbes, la capitale. Les pharaons les plus célèbres sont : Aménophis, Hatshepsout, Akhenaton, Toutankhamon, Ramsès II...

• 332 av. J.-C. : Alexandre le Grand envahit l'Égypte.

• 30 av. J.-C. : l'Égypte devient une province romaine.